CONFÉRENCES

SUR

LA TERRE SAINTE

PAR

M. le Docteur E. PIEROTTI

DONNÉES A ARRAS LES 26 ET 27 DÉCEMBRE 1876

COMPTE-RENDU

Par M. le Chanoine VAN DRIVAL

Président du Comité des Œuvres catholiques de la Palestine pour le département du Pas-de-Calais.

ARRAS

Typographie G. DE SÈDE et C¹ᵉ, rue du Vent-de-Bise.

— 1876 —

CONFÉRENCES

SUR LA

TERRE-SAINTE.

PREMIÈRE CONFÉRENCE.

La première conférence de M. le docteur Pierotti a eu lieu hier soir mardi 26 décembre dans la grande salle du R. P. Halluin. Mgr Lequette, évêque d'Arras, y assistait : il avait à ses côtés M. Sens, membre du Conseil général, et M. Proyart, prévôt du chapitre de la cathédrale. L'assistance était nombreuse et tous s'étaient fait un devoir de répondre aux lettres nominales d'invitation. C'était une réunion privée, d'un caractère charmant et l'orateur intéressa vivement son auditoire.

Il parla d'abord de la curieuse question des tombeaux des Patriarches à Hébron Après avoir raconté l'histoire de l'acquisition de la double caverne de Machpéla par Abraham, et ce avec la couleur locale si agréable du texte de la Genèse, M. Pierotti nous fit toucher du doigt le fait des mêmes habitudes conservées maintenant encore chez les Arabes quand il s'agit d'acquisitions, puis il donna la description précise de la double caverne telle qu'elle existe encore aujourd'hui, avec les six tombeaux de Sarah et d'Abraham, d'Isaac et de Rebecca, de Jacob et de Lia. Par une exception unique, et à cause de son titre d'architecte du Sultan, M. Pierotti a pu descendre dans ces cavernes et constater la situation des tombeaux, chose qui n'a été accordée à aucun chrétien depuis des siècles.

C'est donc de *visu* qu'il nous en donne la description, et même il ne se contente pas de décrire, il dessine, il expose aux yeux, il produit le plan terrestre et la coupe : rien ne manque à l'exposé vraiment lumineux qu'il fait de ces monuments si anciens et si vénérables, remontant au Père des croyants, à *l'ami* de Dieu, ainsi nommé encore aujourd'hui même par les musulmans, qui se trouvent en une foule de manières les témoins souvent inconscients de la foi chrétienne.

Des tombeaux des Patriarches, le conférencier nous a conduit au tombeau de Rachel, à Bethléem, puis il nous initie à une foule de détails de la vie des Bédouins d'à-présent, chez lesquels on retrouve les mêmes habitudes qu'au temps d'Abraham. Ismaël, a dit l'ange dans la Genèse, est un âne sauvage, sa main sera contre ses frères et celle de ses frères sera contre lui. M. Pierotti montre la réalisation littérale de cette prophétie dans la manière d'être de ces descendants d'Ismaël, pillards nocturnes, à la fois hospitaliers et rapaces, et à ce sujet il a plusieurs anecdotes et descriptions accompagnées de dessins, en sorte que les auditeurs entrent tout-à-fait dans le cœur même du sujet.

Les légendes si poétiques des Arabes constatent la minutieuse exactitude des moindres détails de la Bible : même quand elles sont recouvertes de tout un ouvrage d'ingénieuses broderies, elles accusent encore la pureté du récit primitif.

Qui t'a dit cela ? — C'est mon père. — Qui l'a dit à ton père ? — C'est son père. — Et à celui-là ? — Son père.

— Et ensuite ? — Ici l'Arabe fait avec le bras plusieurs cercles pour désigner les siècles et les siècles pendant une longue suite de générations. C'est ainsi que sans livres et sans instruction écrite, la tradition orale a conservé la vérité. Et ces récits ont avec la Bible une conformité qui intéresse au plus haut point. Une autre fois nous pourrons reproduire, ici même, l'une ou l'autre de ces légendes, qui perdraient trop à être analysées.

Avec le docteur Pierotti, nous assistons au drame émouvant des trois cents renards ou chacals dont se sert Samson pour détruire les récoltes des Philistins, et c'est pour établir la vérité de ce fait, tant contesté par Voltaire (peu fort en archéologie), que le docteur a réuni lui-même avec la plus grande facilité un nombre étonnant de ces chacals, avec lesquels il aurait pu faire la même chose, dans les mêmes lieux où ils pullulent aujourd'hui encore.

Une foule de détails relatifs au prophète Elie se reproduisent journellement en Palestine : les costumes, les habitudes sont les mêmes ; on croit lire la Bible en visitant ces pays étonnants, à la suite de cet agréable cicerone qui les habite depuis plus de vingt ans.

Le docteur Pierotti n'aime pas à laisser languir l'intérêt : il varie sans cesse ses sujets, et c'est ainsi qu'anticipant, à la demande de plusieurs, sur la conférence de demain, il a fini celle ci en établissant de la manière la plus lumineuse, par des textes, par une chaîne de témoignages, par un ensemble de preuves historiques et archéologiques l'authenticité la plus évidente du Saint-Sépulcre et du Calvaire, en réponse à certains touristes qui ne font que passer et à quelques protestants. Cette thèse est très remarquable et nous serions heureux de la voir imprimée.

Aujourd'hui, dans la seconde conférence, M. Pierotti parlera de la mer Morte et de plusieurs autres questions relatives à la Palestine. Il exposera l'histoire de la ville de Jérusalem : il proposera les projets d'amélioration dont l'exécution est déjà commencée ; il intéressera, en un mot, comme il a intéressé hier, et d'avance nous regrettons qu'un sujet aussi riche n'ait que deux séances pour être, non pas approfondi, mais simplement esquissé. Au moins cette esquisse est-elle de main de maître, et elle laissera de ces traits qui ne s'effacent pas facilement.

DEUXIÈME CONFÉRENCE.

La seconde conférence de M. le docteur Pierotti a eu lieu hier soir 27 décembre : plus encore que la précédente elle a charmé l'auditoire, tant par la grandeur des sujets traités que par la manière dont ils ont été traités.

L'orateur se trouvait en effet en parfaite communauté d'idées et de sentiments avec ceux qui l'écoutaient, quand il parlait de la France et de son influence en Orient, quand il parlait de Jérusalem et en faisait l'histoire. Telles furent les deux grandes divisions de cette belle conférence, à la fin de laquelle chacun disait : eh! quoi, c'est déjà tout ? éloge rare, qui montre combien le savant conférencier avait su être intéressant.

M. Pierotti a d'abord raconté l'historique de son œuvre. Il nous a montré le protestantisme et le schisme travaillant avec persévérance à étendre leur action: il nous a fait assister à l'élaboration du plan que lui-même a tracé, d'accord avec des notabilités de la science et de l'industrie, pour rétablir et étendre l'action du catholicisme par la France : car, il ne faut pas s'y tromper, lui Italien proclame bien haut que la

France est là le grand ouvrier de Dieu, la nation très chrétienne et dévouée.

M. Pierotti a raconté avec des détails émus sa présentation au chef de l'Eglise, qui a vite compris cette belle œuvre et l'a consacrée par une approbation formelle. Puis il a dit l'état actuel de la Palestine, relativement aux chemins, au port de Jaffa, aux différentes étapes d'un pèlerinage aux Lieux-Saints.

Il a exposé ensuite par quels procédés ingénieux on arriverait prochainement à réaliser pour un prix d'une médiocrité étonnante une visite complète en Palestine. Partir de Marseille, toucher la Sicile, visiter Alexandrie, le Caire, Port-Saïd ; aborder à Jaffa, arriver à Jérusalem après avoir vu trois ou quatre autres endroits célèbres ; étudier la ville sainte en détail, voir la Samarie, le Carmel, le Liban, Balbeck ; visiter la mer morte et le Jourdain ; consacrer à ce voyage deux mois entiers en ne dépensant que 1,200 fr., et même seulement 800, en faisant quelques suppressions à ce magnifique itinéraire ; n'est-ce pas réaliser dans des conditions étonnantes de facilité un voyage qu'ont rêvé tous les chrétiens, comme tous les amis de la vieille histoire du monde ?

Après cela M. Pierotti a tracé rapidement le plan de ce qu'il veut établir : creusement du port de Jaffa, chemin de fer jusqu'à Jérusalem, colonies agricoles et industrielles, toutes choses déjà commencées et en bonne voie d'exécution.

Il ne restait au conférencier que peu de temps pour parler de Jérusalem et tenir la promesse faite hier. Ce peu de temps, il l'a employé avec un art qui prouve une connaissance approfondie de son sujet.

Le morceau de craie à la main, il nous a tracé, sur le tableau noir, la topographie de la Terre-Sainte au temps d'Abraham. Le Salem de Melchisédec n'est pas

Jérusalem : saint Jérôme l'avait dit, la topographie et l'histoire le démontrent, ce qui n'empêche pas les voyageurs et les livres de dire le contraire. Il nous montre les commencements de *Jébus*, dont il trace les contours : David s'en empare et crée une ville nouvelle, qui, successivement s'augmente de siècle en siècle, puis diminue, puis se transforme, et chacune de ces modifications est nettement formulée, en même temps qu'elle est exposée aux yeux avec une clarté parfaite. Les textes des prophètes sont cités lorsqu'il en est besoin, la minutieuse exactitude des Livres-Saints brille de l'éclat le plus vif : c'est à la fois instructif et édifiant. L'émotion de l'orateur est partagée par l'auditoire à certains passages qui rappellent les grandes scènes de la Rédemption. Tous sont charmés de cette étude consciencieuse et digne : tous souhaitent à l'avocat zélé des Lieux Saints, avec Mgr l'Evêque d'Arras, le succès auquel a droit un tel dévouement

Si nous ne craignions d'être indiscret, nous dirions ici que le docteur Pierotti causeur très agréable en même temps qu'homme profond, a continué dans plusieurs réunions particulières ses conférences sur bien d'autres questions relatives à la Palestine. Tout ce qui a trait à la Mer morte, par exemple, a été examiné par lui d'une manière très remarquable, et ceux qui l'ont entendu et interrogé ont été enchantés de ses élucidations, de ses informations sûres, de son esprit positif d'observation et de sa solide expérience des choses. Nous croyons savoir qu'il se fera entendre deux ou trois fois encore dans des centres privilégiés. Nous n'en sommes pas étonné : car il est fort raisonnable de profiter du passage d'un homme instruit pour s'instruire, et l'indifférence ou la froideur, en semblable matière, serait inexplicable de la part d'hommes sérieux.

Assurément l'œuvre du docteur Pierotti est en bonn

voie ; de temps en temps nous aurons soin d'en entretenir nos lecteurs, et de les tenir au courant de ce qui se fera d'important. Ce sera un plaisir et une chose utile de suivre ainsi la marche de cette grande entreprise, digne du passé, digne de l'avenir.

———

On lit dans le *Courrier du Pas de-Calais,* du jeudi 28 décembre :

Nous avons laissé à un savant d'une compétence particulière, en ce qui touche les profondeurs de l'histoire sainte et les choses de la Palestine, le soin de rendre compte à nos lecteurs, des deux conférences du docteur Pierotti, avec l'autorité particulière qui lui appartient en ces sujets.

M. le chanoine Van Drival s'est acquitté de cette tâche avec une clarté et un talent dont nous avons le devoir de le remercier ici.

Il nous sera permis d'ajouter que, tant dans ses conférences publiques que dans ses instructives conversations, M. Pierotti nous a nous-même particulièrement intéressé, et que nous avons trouvé, jusque dans l'originalité spirituelle et la forme pittoresque de son langage, un attrait puissant, et qui rehausse, ne fut-ce que par la nouveauté, les saines vérités et les touchantes révélations de l'éminent conférencier.

M. Pierotti trouvera partout, nous n'en saurions douter, un succès égal à celui qu'il a obtenu dans notre ville, et dont Mgr l'évêque d'Arras a daigné se faire l'interprète autorisé, dans une attestation bienveillante que nous sommes heureux de pouvoir reproduire.

G. S.

Voici la pièce adressée à M. le Dr Pierotti par Sa Grandeur :

ÉVÉCHÉ D'ARRAS.
—   Arras le 28 décembre 1876.

Nous avons assisté aux deux conférences que Monsieur l'ingénieur Dr E. Pierotti a données dans notre ville épiscopale. Nous sommes heureux de dire que nous avons entendu avec le plus vif intérêt ses communications sur les saints Lieux. Cet intérêt a été partagé par tous les assistants.

† J.-B.-J. Evêque d'Arras.

(*Sceau de l'Evêché.*)

Voici les appréciations publiées dans le *Pas-de-Calais*, journal d'Arras :

La Terre Sainte ! Que de cœurs ces deux mots ont fait battre, lorsqu'au cri de : Dieu le veut ! lancé par un moine picard, toute la chrétienté se levait et se portait en masse à la conquête de Jérusalem ! Ce coin de terre perdu à l'extrémité de l'Asie a toujours eu l'insigne privilége d'attirer l'attention du monde entier.

Aujourd'hui plus que jamais tous les regards sont tournés de ce côté. La Palestine, et tout ce qui s'y rattache de près ou de loin, sont aujourd'hui, plus que jamais, à l'ordre du jour ; Jérusalem est, comme autrefois, l'objectif du monde entier.

Les pèlerins qui ont eu le bonheur de fouler ce sol béni, sont accueillis à leur retour, comme jadis les croisés ; on se dispute leurs récits ; on s'arrache leurs souvenirs. C'est là où est tout le secret du succès obtenu hier soir par le conférencier qui a bien voulu pendant deux heures, nous transporter à sa suite sur ce sol béni qui a été le berceau du christianisme.

D'origine italienne, M. Pierotti a conservé un fort accent étranger qui nuit quelque peu à son débit ; ce inconvénient est heureusement racheté par l'intérêt, le piquant qu'il sait mettre dans les anecdotes qu'il raconte.

La première conférence a été presque entièrement consacrée à nous montrer le récit biblique confirmé à chaque instant par les mœurs, les habitudes des peuplades errantes qui sont venues occuper le sol d'où la nation juive a été expulsée.

La manière de vivre de ces nomades, leurs traditions, leurs coutumes, leurs vêtements sont chez eux une confirmation éclatante de la véracité de nos Livres-

Saints. Le sol lui-même reste comme un témoin éloquent qui atteste par sa conformation et par ses produits combien précis ont été les écrivains sacrés.

Ce sol produit encore de ces grappes de raisin tellement volumineuses que deux hommes, comme au temps de Moïse, suffisent à peine à les porter.

L'intéressant conférencier s'est étendu quelque peu sur une visite qu'il lui a été permis de faire au tombeau d'Abraham, à Hébron ; c'est une faveur insigne et bien rarement accordée, qu'il a pu examiner dans tous ses détails cet antique monument qu'aucun voyageur n'a visité avant lui.

Une description complète du tombeau de Notre Seigneur Jésus-Christ a terminé la série des aperçus mis en relief par le savant docteur ; il s'est surtout attaché, en terminant, à mettre en évidence les signes certains d'authenticité du Saint-Sépulcre et par là même il a réduit à néant les doutes que les protestants ont tenté d'émettre dans ces dernières années.

Le tombeau que nous revérons répond en tout point à la description qui en est faite dans l'Evangile. Les empereurs païens qui ont essayé de le détruire en élevant sur ses ruines un temple profane, n'ont réussi qu'à déterminer d'une façon indéniable l'emplacement qu'il occupait. Les fondations de leur temple sont comme un sceau apposée pour certifier de l'authenticité du lieu saint.

Le nombreux auditoire qui s'était rendu à cette curieuse conférence, que Sa Grandeur Mgr Lequette avait bien voulu présider, a suivi avec le plus vif intérêt l'infatigable voyageur dans tous les développements de son récit. Le succès obtenu par cette première causerie nous est un sûr garant que la seconde qui doit avoir lieu ce soir, dans l'une des salles de l'établissement du R. P. Halluin, ne sera pas moins goûtée.

Le docteur Ermete Pierotti a développé, dans sa seconde conférence, l'objet de sa mission, qui est de populariser les pèlerinages vers la Terre-Sainte et d'en accroître le nombre. Le chemin de fer de Jaffa à Jérusalem est assuré maintenant par le concours d'une des grandes maisons industrielles de Paris. Combien pourront alors, dans un prochain avenir, entreprendre le pieux voyage que chaque année quelques privilégiés à peine avaient le bonheur d'accomplir pour aller raviver leur foi sur la terre sanctifiée par les pas du Sauveur.

Mais tel n'est pas le seul but de l'œuvre entreprise par le vaillant chrétien qui se présente à nous, béni et encouragé par le Saint-Père. M. le docteur Pierotti a conçu le hardi projet de disputer la Palestine à la propagande protestante, et à l'influence schismatique dont parlait, devant la première de nos Assemblées, dans l'une de ses dernières séances, M. le comte de Saint-Vallier.

Dans ce pays ou le nom du chrétien est synonyme du nom de Français, où des populations s'associent à tous les deuils comme à toutes les joies de la France, dans ce pays qu'on peut appeler et que l'on a appelé la France de l'Orient, nous jouissons encore d'un prestige que les adversaires de la religion catholique réussiraient à anéantir si la France, par l'initiative individuelle de ses enfants, ne concoure à l'œuvre du docteur Pierotti et ne disputait avec lui, pied à pied, le terrain jadis illustré par la vaillance et la piété de nos ancêtres.

Son œuvre est donc notre œuvre et nous ne pouvons que recommander et que soutenir, autant qu'il est en nous, les petites colonies que M. le Dr Pierotti, sous la haute protection du Saint-Père, a rêvé de semer sur les routes de la Palestine et dans lesquelles il se propose de grouper des populations chrétiennes, qui seront comme une digue infranchissable opposée à l'envahissement de la secte protestante.

———

Avant de faire les conférences d'Arras, M. Pierotti avait visité Lille et Saint-Omer ; voici quelques extraits des journaux de ces deux villes :

L'Indépendant de Saint-Omer :

Le savant docteur Pierotti, dont les conférences ont été si goûtées de son auditoire d'élite hier et lundi, a bien voulu promettre de se faire entendre une dernière fois *de 7 à 8 h. demain soir jeudi 7 courant* et de traiter des sujets du plus *curieux* intérêt.

Le très-honoré frère Fidèle, directeur du pensionnat Saint-Joseph quai des Tanneurs en ville, daigne faire l'accueil le plus gracieux au si distingué conférencier, qu'il en reçoive ici l'expression de notre vive et profonde gratitude !

La réunion de demain soir aura lieu dans le même local, dans la magnifique salle du pensionnat.

Nous engageons les pères et mères à faire profiter demain leurs enfants d'une soirée, qui sera pour tous aussi amusante qu'instructive.

Les Dames ont été aussi nombreuses que les Messieurs, lundi et mardi, elles ne le seront pas moins demain, nous en avons la certitude.

———

La *Vraie France*, de Lille :

Nous sommes heureux de posséder pendant quelques jours dans notre ville un grand piocheur de la Palestine, le Dr Ermete Pierotti, architecte, ingénieur honoraire de la Terre-Sainte, devenu le promoteur des OEuvres sublimes de cette contrée, que le Saint-Père a daigné recevoir en audience particulière, et dont il a béni le projet.

M. Pierotti a conçu la pensée de former des établissements agricoles et industriels qui puissent donner le travail et la vie à toutes ces populations catholiques tant négligées, tant oubliées de leurs frères d'Europe ; de sorte qu'elles sont sans cesse exposées à une progagande schismatique et protestante qui, de jour en jour, fait de grands progrès dans le pays évangélisé par Notre-Seigneur Jésus-Christ.

Le récit que nous en avons déjà entendu faire par le Dr Pierotti nous a fort émus et fort intéressés en faveur de ces pauvres Arabes catholiques, que nous désirons aider de nos moyens pour faire revivre dans ce pays autrefois si productif la religion catholique et l'abondance qui n'auraient jamais dû s'en retirer.

Le langage tout pittoresque employé par le Dr Pierotti pour expliquer le rapport qui existe entre les Saintes-Ecritures et les choses actuelles de la Palestine, et l'appréciation des Arabes musulmans eux-mêmes des Saintes-Ecritures, offre un grand charme de nouveauté, autant que la science profonde et l'érudition du D^r, nous étonnent et nous instruisent.

On ne peut rien ajouter, pour faire son éloge bien mérité, que de dire ; « Allez l'entendre, vous reviendrez satisfait et vous désirerez l'entendre encore. » Et nous nous félicitons d'apprendre qu'après une requête faite par ses auditeurs aux dernières séances, le docteur

Pierotti se propose de nous en donner deux autres encore (vendredi et samedi 1ᵉʳ et 2 décembre) qu'il tiendra dans une salle des Frères de l'Ecole chrétienne, 39, rue de la Monnaie, où il nous parlera sur de nouveaux sujets qui auront rapport aux œuvres de la Palestine, c'est à-dire : Etablissements agricoles et industriels, pèlerinages, chemin de fer de Jaffa à Jérusalem du port de Jaffa.

Ce sont de belles œuvres qui méritent tout notre encouragement, et il faut espérer que nous, citoyens catholiques de Lille, si charitables, si bienfaisants pour tout ce qui souffre, nous répondrons à l'appel de nos frères de la Terre-Sainte.

www.ingramcontent.com/pod-product-compliance
Lightning Source LLC
Chambersburg PA
CBHW071444060426
42450CB00009BA/2303